JN440933

# 소소한 행복

시인 김용현

## 시인의 말

인연

세상을 살아가면서 우리는 참 많은 사람들을 만납니다.
짧은 만남도 있고, 평생을 함께하는 인연도 있습니다.
그리고 이제는 볼 수 없는 사람들도 있지요.

내 인생의 길목에서, 때로는 큰 도움을 주고 삶의 방향을 바꾸어 준 사람들.
생각만 해도 숨이 막히도록 그리운 사람들.
때로는, 차마 생각하고 싶지 않은 사람들도 있습니다.
그러나 모두가 인연이기에, 그렇게 우리는 삶을 이어 갑니다.

이제 와서 돌이켜보니, 인연이라는 것은 참으로 신비롭고 때로는 두려울 만큼 무거운 것이구나 싶습니다.
그만큼, 내 곁에 좋은 벗들이 있다는 것은
얼마나 큰 축복인지 모릅니다.
나는 그 축복을 받았던 사람입니다.

이 시집은 그런 분들께 바치는 작은 선물입니다.
마음이 허전할 때, 잠시 훌쩍 떠나고 싶을 때,
가방 한 켠에 넣고 가볍게 펼칠 수 있는 그런 시집이 되었으면 합니다.
읽는 동안, 나와 당신, 그리고 우리의 모든 인연을 느낄 수 있기를 바랍니다.

작지만 따뜻한 행복을 담아,
이 시집을 세상에 내놓습니다.

**2025년 10월, 연구실에서**
**김 용 현**

## 시마(詩魔)에 붙들려 창작하지 않고는 견딜 수 없다

'시마(詩魔)'라는 말이 있다. 시를 쓰지 않고 못 배기게 하는 시적 영감을 의미한다. 시마에 걸린 이의 붓끝에서 나온 시는 납득하기 힘들 만큼의 신묘한 구석이 담겨 있기 마련이었다. 허균(1569-1618)이 이 시마에 대해 구체적인 실례를 든 적이 있었다. 이현욱이라는 인물이었다. 허균은 그의 시를 이렇게 평가했다.

'우리나라 시인들은 서徐나 이李 같은 글자는 일찍이 사용한 사람이 없습니다. 게다가 이 사람의 나이가 어리니 필시 시마(詩魔)에 걸렸을 것입니다.'

시의 신에 사로잡혀 자기 깜냥과 지식 이상의 시를 쏟아낸다는 설명이었다. 그렇게 한 사람을 사로잡았던 시마가 사라지면 어떻게 될까? 그의 시는 즉시 평범한 수준으로 전락한다. 이현욱 역시 영의정을 지낸 이산해(1539 ~ 1609)에게 호평을 받을 만큼의 시를 발표했으나 어느 순간 소리 소문 없이 자취를 감추었다. 허균은 그에게서 시마가 떠나는 바람에 시가 형편없는 수준으로 전락한 까닭이라고 분석했다.

시에 탐닉한 사람은 때로 귀신에게 귀띔을 받기도 했다. 예종 시대의 정지상이란 인물은 귀신에 알려준 시로 과거시험에서 장원을 차지했다.

선비들 중에는 이 시귀를 만나려고 간절히 기다린 사람도 있었던 듯하다. 귀신의 시를 얻을 수만 있다면 대번에 시명(詩名)을 얻을 수 있었으니까.

옛 사람들은 시마니 귀시니 했지만 초월적 존재를 믿었다기보다 시에 대한 열정을 그렇게 표현한 것이 아닐까. 시에 탐닉한 이들이 쏟는 열정과 정성을 표현하기에 마(魔)와 귀(鬼) 같은 미지의 존재가 딱 어울린다고 생각했을 것이다.

시를 사랑하고 시를 쓰는 사람들의 마음이 그럴 것이다. 무언가에 홀린 듯 쉼 없이 추구하게 된다.

동방의 '시호(詩豪)'로 불리었고, 국문학사상 가장 방대한 규모의 개인시문집인 '동국이상국집(東國李相國集)'을 남긴 이규모 역시 그 창작열의 실체를 이렇게 고백했다.

"시마(詩魔)에 붙들려 창작하지 않고는 견딜 수 없다!"

시를 읽고 쓰는 마음은 좋아하고 사랑하는 것 이상이다. 도저히 거부할 수 없는 열정이 내내 마음을 사로잡는 상태다.

오늘 우리는 다시 그 지치지 않는 열정의 산물 하나를 선물 받았다. 시마의 작품들이다. 시마에 사로잡힌 시인이 그려낸 언어의 향연을 만끽한 생각에 벌써 마음이 설렌다.

**유명상 대구한국일보 대표**

## 친구 김용현의『소소한 행복』출간을 축하하며

내 친구 김용현의 시집『소소한 행복』은
그가 평생 마음속 깊이 간직해 온 보석 주머니를 조심스레 열어 보여주는 시집이다.
세월의 깊이에서 우러난 사색과, 사람을 향한 따뜻한 시선이 한 줄 한 줄 시 속에 살아 숨 쉬며, 읽는 이의 마음을 조용히 어루 만진다.

치열한 경쟁과 불확실한 내일 속에서 살아가는 우리에게 이 시집은 잠시 걸음을 멈추게 하고, 삶의 본질과 행복의 의미를 돌아보게 하는
작지만 확실한 쉼표다.
화려하지 않지만 일상 속 작은 기쁨과 감사,
그리고 그 속에 담긴 진심 어린 마음들이 한 편 한 편 시로 피어난다.

하찮은 일에도, 작은 시련과 상처에도 늘 사랑과 진심으로 다가서며 스스로 빛을 내는 친구의 모습이 시마다 배어 있다.

그의 시 속에는 삶의 굴곡과 아픔을 겪은 사람만이 가질 수 있는 깊은 성찰과 따뜻한 인품의 흔적이 살아 숨쉰다.

세상에는 돈으로 살 수 없는 것들이 있다.
그중에서도 가장 귀한 것은 세상을 밝히는 마음과 따뜻한 인간성이다.
김용현 시인은 바로 그 마음을 시로 풀어내,
우리 모두가 잃어버린 '소소하지만 확실한 행복'을 다시금 일깨워 준다.

이 시집 속 시들은 그의 지난 삶이 빚어낸 진심의 언어이자, 우리에게 위로와 용기, 그리고 다시 살아갈 힘을 전해주는 보석 같은 이야기다.
읽는 동안 어느새 마음이 따뜻해지고, 오래 잊고 있던 '고마움'과 '사랑'이 조용히 가슴속에서 솟아오른다.

친구의 시를 읽으며 나는 여러 번 미소 지었고,
때로는 눈가가 촉촉해졌다.
화려하지 않지만 깊고, 조용하지만 강한 시.
그 속에 깃든 마음이 사람의 영혼까지 흔든다.

『소소한 행복』은 결국 우리 모두의 이야기이며,
그가 걸어온 길 위에서 피어난 삶과 사랑의 찬란한 시편(詩篇)이다.
친구 김용현,
그의 첫 시집 출간을 진심으로 축하하며,
이 시집이 더 많은 사람들의 마음속에 따뜻한 등불이 되어주기를 간절히 소망한다.

**김성호 | 영남대학교병원장(전), 의과대학 학장**

‖목 차‖

## 소소한 행복 2 - 오늘을 사랑하다

## 소소한 행복 3 - 빛이 머무는 자리

## 소소한 행복 4 - 그대가 있어 행복하다

## 소소한 행복 5 - 시간 위에 피어난 미소



## 시집 발간을 축하하며

# 소소한 행복 1

## 마음의 정원

## 소소한 행복 1 - 마음의 정원

햇살이 한잎 두잎 내려앉는 아침,
나는 마음의 정원에 조용히 물을 줍니다.
분주한 하루 속에서도
작은 숨결 하나 놓치지 않으려,
오늘도 마음의 흙을 다독입니다.

누군가의 미소,
따뜻한 인사 한마디,
그것이 이 정원에 피어나는 꽃입니다.

화려하지 않아도 좋습니다.
누군가의 행복이 되어주는
작은 들꽃이면 충분합니다.

때로는 눈물이 비가 되어
내 마음을 적시기도 하지만,
그 비 덕분에 나는 조금 더 자랍니다.

행복은 멀리 있지 않았습니다.
커다란 성취 속이 아니라,
잠시 멈춰 바라본 하늘빛 속에,
소박한 일상 속에 숨어 있었습니다.

오늘도 내 마음의 정원 한켠에
감사라는 꽃 한 송이 피웁니다.
그 꽃의 향기가
누군가의 하루를 따뜻하게 감싸주기를

## 한주의 시작 월요일

떠난 세월은 다시 오지 않으니 닦아 쓸 수도 없는것
아닌가?
그러하니 오늘로 내일을 겁박 마시게
역사는 순리대로 흘러 간다네
집착하가나 고집한다고 변하지 않네

존재의 눈으로 보지 못하고 귀로 듣지 못하고
가슴으로 느끼지 못하면 뜬구름 인생이라네
한주 시작 월요일

오늘 날씨가
따뜻 하면서
바람 한점 불지 않으니
최고의
봄날 이여라..

누군가 나를 불러 주지는 않아도
꽃향기에 취하고 싶고.
언덕 잔디밭에 뒹굴어
옛추억을 더듬어
보고파라.

## 좋을 때를 알지 못한다

좋은 것만 있을 때는 내게 그것이 어찌 좋은 것인지
알지 못했고,
사랑할 땐 사랑의 방법을 몰랐고,
이별할 때는 이별의 이유를 몰랐고,
남들이 나를 외면할 때 이유를 몰랐고,

생각해보면 때때로 바보처럼 산 적이 참 많았습니다.
건강할 때 건강을 지키지 못하고,
늘 건강할 줄 알았고,
넉넉할땐 늘 넉넉할 줄 알았고,
빈곤의 아픔을 몰랐습니다.

소중한 사람들이 곁에 있을 때는 소중한 줄 몰랐고,
언제나 항상,
늘 곁에 있어줄 줄 알았습니다.

당연히 내것인 줄 알았던 걸 차차 잃어 갈 때
뒤늦게 땅을치며 후회했습니다.

이 바보는 좋을 때 그 가치를 모르면서 평생 바보처럼 산다는 걸 몰랐습니다.

눈물이 없는 눈에는 무지개가 뜨지 않는다고 합니다.
오늘 이 시간이 최고 좋은 때라 생각하며
최선을 다하는 멋진 하루를 보내시길.

## 오늘이 중요한 이유

내가 서 있는 자리는
언제나 오늘입니다
오늘 나의 눈에
보이는 것이 희망이고
나의 귀에
들리는 것이 기쁨입니다

짧지 않은 시간들을 지나면서
어찌 내 마음이
흡족하기만 할까요
울퉁 불퉁
돌부리에 채이기도 하고
거센 물살에 맥없이
휩쓸리기도 하면서

그러면서
오늘의 시간을 채워 갑니다
그럼에도 웃을 수 있는 건
함께 호흡하는 사람들이
곁에 있기 때문입니다

오늘
내 마음의 문을 활짝 열어
긍정의 눈을 떠서
시야를 넓히고
배려의 귀를 열어
소통의 귀를 열어 둡니다
그리고 제게 말합니다

오늘 내 이름
불러 주는 이 있어
감사합니다
내가 부르는 소리에
대답해 주는 이 있어
감사합니다

내 곁에
당신 같은 이가 있어
감사합니다
셀 수 없는
수많은 사실이 있지만

이런 이유 하나 만으로도
오늘이 감사합니다

## 간절함

쨍쨍한 폭음 속에선
보슬 보슬 내리는
빗줄기가 간절하고.

오늘 할 일을 머릿속에
떠 올리며 하루를 시작할 땐
새로운 것에 대한 열망이 간절하고

병문안 가면
환자 가족들은 병 치유에 대한
소원과 쾌유에 대한 희망이
간절하고

힘들게 일하는 사람들은
하루 빨리 정착이 되고
안정이 되기를 간절한 마음으로
소망하고 기도하면서
힘들어도 참고 일하고

하염없이 내리는
빗줄기엔
쨍한 햇살이 주는
햇님 생각 간절하듯

사람마다 제각각 간절함이 다르듯

무엇이든 지나치면 불행이요
적당하면 행복인걸
욕심보다 배려하는 마음으로
하루를 엮여가는 풍성한 마음 가짐이 되길 바래 본다

# 첫 눈

혹 이게 뭐지?
하이얀 눈을 대구에 작은양 이지만
뿌려준 신께 감사한다

무척 오랜만에 만나는 눈이라
더욱 정감이 간다

아직 새벽의 어둠속에 하얀 눈이
빛으로 먼저 하루를 밝힌다

지난 가을의 곡식알을 그려본다

또 맛나게 잘 익은 감
떡 벌어진 밤알
마음껏 그리고 지운다

인생도 마음대로 쓰다가 지울 수 있으면 좋으련만

## 지는 벚꽃을 보면서

떨어져 가는 벚꽃잎 같은 인생.
잠시 머물다 가는 인생.
아무리 용을 써도 부질없은 인생
자기 마음대로 안되는 인생

얼마전 꽃봉우리를 내밀더니
벌써
초록의 잎에 밀려 찌든 모습하고 땅위에
누워 있으니
인생사도 벚꽃과 같은 신세
잠시 소풍왔다 가는 인생
그래도 살만한 세상
행복하게 살아야지

오늘도 그저 무탈
하시고
즐거우시길 바랍니다.

## 입 춘

봄을 맞이 한다는 입춘인데
추위가 기승을 부리네
떠나기 싫어 몸부림치듯
그 끈을 놓지 못하는 모양이다

움켜진다고 가져지는 것도 아니고
세상살이가 자기 마음대로 되는 것도 아니니
그냥 순리대로 받아드리는게 자연의 이치 아니더냐

다가올 봄을 시샘하는 것 같다
만물이 소생하는 꽃피는 봄이 어찌 부러워 하지 안할랴
기대는 희망을 낳고 희망은 삶의 원천이 되는데
이 추위가 지나면
모든 고통과 어려움도 같이 지나갔으면 좋겠다

봄은 희망이고 시작이다
개인도 사회도 국가도 기대와 희망이
실타레 처럼 잘 풀렸으면 좋겠다

# 일 상

동그란 삶의 테이블위에

향기나는 커피 한잔 놓고

아름다운 음악을 들으면서

겨울에 방긋 웃는 철모르고 핀 꽃을 바라보며

잠시

생각의 쉼표를 찍고 싶다

언제나 행복 할 순 없지만

그래도 살아 가는게 삶이다

## 반가운 가을 손님

그렇게 모질고 긴 여름이 이제 우리 곁을 떠나려나 보다
잦은 비를 뿌리며 아쉬워하는 너의 모습을 보니
아쉽지만 내년을 기약해야지

너는 내년에 다시 올 수 있는 기약이라도 있지만
이 놈의 인생은 한번 가면 두 번 다시 올 수 없는
길이라네

그래도
떨어져 있던 친구를 만나듯이
가을이 성큼 다가와서 좋아라
긴 여름 고통 후에 맞이하는 가을이라
더욱 새롭고 특별하구나
아름다운 가을꽃 무지개처럼
익어가는 가을의 색상으로 너무나 눈부시다

가을은 여름에 뒤질세라
형형색색 물감으로 제각각 아름다움을 자랑하겠지
우리들 인생도 자연의 소리 들으며

무지개 색상으로 성숙해 가면 얼마나 좋을까

그러다가
낙엽이 떨어지며 또 내년을 기약하고
동장군한테 자리를 비켜 주고 저 만치 멀어져 가겠구나

그래도 단풍의 계절 가을을 마음속 깊이 숨겨 줘야지

## 하루를 시작하면서

내가 서 있는 자리는
언제나 오늘입니다
오늘 나의 눈에
보이는 것이 희망이고
나의 귀에
들리는 것이 기쁨 입니다

짧지 않은 시간들을 지나 면서
어찌 내 마음이
흡족하기만 할까요
울퉁 불퉁
돌부리에 채이기도 하고
거센 물살에 맥없이
휩쓸리기도 하면서

그러면서
오늘의 시간을 채워 갑니다
그럼에도 웃을 수 있는 건
함께 호흡하는 사람들이
곁에 있기 때문 입니다

오늘
내 마음의 문을 활짝 열어
긍정의 눈을 떠서
시야를 넓히고
배려의 귀를 열어
소통의 귀를 열어 둡니다
그리고 제게 말합니다

오늘 내 이름
불러 주는 이 있어
감사합니다
내가 부르는 소리에
대답해 주는 이 있어
감사합니다

내 곁에
당신 같은 이가 있어
감사합니다
셀 수 없는
수많은 사실이 있지만

이런 이유 하나 만으로도
오늘이 감사합니다

## 인생의 뒤안길에서

지나간 과거를 닮고 싶다.
젊음의 청춘
내 혼자 만의 비밀
가슴에 넣어둔 사연들
기억에 남은 좋은 일들

서산에 해지듯
빛은 잃어 가는데
욕심을 내려놔야 되는데 마음대로 안되고

자꾸만
동이 트는 동쪽 으로
얼굴을 돌리려 한다.

추억의 소장품과도 같은
지나온 삶에 그림 속으로 스며들고 싶다.

이제
꽃이 지고나면
소식도 없이
여름이 찾아오겠지

# 인 생

밤을 새워보면 어둠이 그리 길지 않다는 것을,
아무리 힘든 일을 겪어도 지나 간다는 것을,
사람을 잃어 봐도 꽃보다 아름다운게 사람이라는 것을,
누군가를 미워해 본들 결국 나 자신만 힘들다는 것을,
포기하면 인내와 의지가 부족했다는 것을,

기나긴 겨울이 지나면 따뜻한 봄이 오듯이
경험하고 서야 깨닫고 알게 되는게 우리네 인생이라
괴롭고 힘든 일도 이 또한 지나가리니
세상살이 제 각각 달라 보이지만
들려다보면 큰 차이가 없다는 것을

세상사 다 시간이 해결해 주니
너무 야박하게 살지 말고 둥글둥글 삽시다

# 소소한 행복 2

# 오늘을 사랑하다

## 소소한 행복 2 - 오늘을 사랑하다

아침 햇살이 창가를 스칠 때,
나는 오늘에게 인사를 건넵니다.
"고맙다, 다시 와줘서."

어제의 후회도, 내일의 불안도
잠시 내려놓고,
오늘이라는 선물 속으로
조용히 마음을 담습니다.

누군가의 따뜻한 말 한마디,
손끝에 스치는 바람,
그 속에 살아 숨 쉬는 순간들
그것이 내가 사랑해야 할 오늘의 얼굴입니다.

완벽하지 않아도 괜찮습니다.
조금 서툴고, 조금 느려도
이 하루가 내게 주어진 기적임을 알기에
그저 미소 짓습니다.

오늘을 사랑한다는 건
누군가를 이해하려는 마음이고,
나 자신을 용서하는 용기이며,
지금 이 순간에 머무는 행복입니다.

해가 저물어 가는 저녁,
하루의 끝자락에 앉아
나는 속삭입니다.

"오늘을 사랑했노라,
그래서 나는 행복했노라."

## 희망과 기다림

세상을 살아가면서
누구나 꿈과 희망을 가지고 살아갑니다
무언가를 향해 가면서 그것을 그려보고 좋아하는 것은
곧 희망입니다

언젠가 그 꿈을 이루리라는 믿음이 있기에
기다림은 지겹지 않습니다
희망이 있는 사람은
시간을 견디는 법을 알고
때로는 좌절 앞에 쓰러져도
새로운 희망으로 다시 일어섭니다

둘러보면 희망 없이 살아가는 사람을 많이 봅니다
어떤 경우에도 희망을 잃지 말아야 합니다
아무리 힘들어도
가족을 생각하고 벗을 떠올리며
자신의 미래를 바라보며 버티는 것,
그것이 실낱같은 희망이라도
끝내 붙잡아야 하는 이유입니다

기다림은
자신을 향한 것이든 타인을 위한 것이든
언제나 사랑과 지혜를 품고 있습니다
희망의 끈을 놓지 않으면
오래도록 기다림을 지탱할 수 있습니다

## 한 주의 시작, 월요일

떠나간 시간은 다시 오지 않으니
지워낼 수도, 고쳐 쓸 수도 없는 법.
그러니 '오늘'로 '내일'을 겁박하지 마시게
역사는 강물처럼 순리대로 흐르고,
집착과 고집으로는 바꿀 수 없는 것이라네.

눈으로 보아도 마음으로 보지 못하고,
귀로 들어도 가슴으로 느끼지 못하면
삶은 결국 뜬구름 같아 헛헛할 뿐.
한 주의 시작, 월요일은
시간의 벽을 뛰어넘듯 훌쩍 다가와
또 그렇게 지나가리라.

존재의 눈으로 보지 못하고 귀로 듣지 못하고
가슴으로 느끼지 못하면 헛헛한 뜬구름 인생이라네
한 주 시작, 월요일
시작이다 싶으면, 점프하듯 훌쩍 지나가겠지.

오늘 날씨는
따스하고 바람 한 점 불지 않으니
최고의 봄날이다, 이보다 더 좋을 순 없다.

누군가 나를 불러 주지는 않아도
나는 봄꽃 향기에 취하고 싶다
언덕 위 잔디밭에도 나뒹굴고 싶다
애써 옛 추억을 더듬는다, 네가 거기 있으니까….

## 칭찬하는 마음

칭찬은
나를 밝히고 남을 환히 비추며
우리가 사는 세상마저 따뜻하게 하는
하나의 예술입니다.

예술가가 작품을 위해
수없이 연습하고 다듬듯이
칭찬도 배움과 연습, 실천이 필요합니다.
그러면 한 점의 예술품이 될 수 있습니다.

성공한 사람은
늘 감사와 기쁨으로
타인에게 선한 영향력을 줍니다.
만약 우리 사회가
헐뜯고 미워하며
시기와 질투로만 물든다면
얼마나 암울 하겠습니까.

칭찬은 사람을 널뛰게 하고

희망을 주고
내일을 향한 기대를 안겨줍니다
칭찬이 일상이 되면
세상은 한층 더 아름답게 보이지요

그래도
살만한 세상 서로 칭찬하고
보듬어 가면서 살아야지요.

## 창문 밖의 뭉게구름

창문 열고 먼 하늘을 바라보니
비 온 뒤 파란 하늘이 씻긴 듯 맑구나
하얀 구름차가 덩실덩실 춤추며 달려가네
가다가 사라지고 다시 나타나며
허공의 길 위를 쉼 없이 달린다.

사랑을 싣고, 행복을 싣고,
고장도 없이 바람을 끌고 달린다
조금만 늦춰 달리면 좋으련만
숨차지 않을까, 묻고 싶다.

우리 삶도 그렇지 않은가
넘어지고 또 일어나며 쉼 없이 달리다가
구름처럼 잠시 머물다 흘러가는 인생
붙잡고 싶어도, 멈추고 싶어도
손가락 사이로 빠져나가는 물처럼
마음대로 되지 않는 세상사인 것을.

그래도 지금,
고장 없이 달려가고 있음이 얼마나 다행인가
제각각 빛깔을 지니고 살지만
결국 모두 닿을 종착역은 한 곳.

먼저 도착하든, 늦게 도착하든,
그게 뭐 그리 중요한가
살면서, 한 줄기 빛이 되어 세상을 비추며
후회 없이 가야지.

종착역에 다다랐을 때
"그래, 잘 살아왔구나."
그 한마디를 내게 건네고 싶다.

덧없는 인생 알면서도 반복되는 삶….

## 지혜로운 삶

인생은 얼마나 오래 사느냐보다
어떻게 사느냐에 달려 있다.

숲의 나무들이 가지를 맞대며
친구처럼 속삭이고,
잡초와 풀들이 어깨를 나누듯 세상은 다정한데
왜 우리의 삶은 자주 고달픈가.

마음이 평안하면 천국
불편하면 하루도 지옥
행복과 불행은
환경이 아니라 선택의 차이

이래 사나 저래 사나
잠깐 들렀다 가는 소풍 같은 삶
더 아름답게, 더 멋지게 살다 가는 것이 복이다

꽃마다 다른 꽃말이 있듯
사람마다 성품은 다르지만

끝내 지혜를 얻은 자만이
삶을 가볍게 누릴 수 있다.

## 1월을 시작하며

1월을 시작하면 항상 마음이 설렌다
모든게 긍정적이고 희망이 보이고
하고 싶은게 많고 모든 사물이 아름다워 보인다

색깔로 비유하면 아마 흰색 일거다
아직 채색되지 않은 하얀 캠퍼스
내 마음대로 꿈을 그릴 수 있고
마음의 수채화도 그릴 수 있고
악마의 괴물을 그릴 수 있고
붉은 피를 토해내는 장미를 그릴 수 있고

1월에 다짐했던 형형색색의 조각들이
알알이 영글어 한해를 마감할 때
그래 너 참 고생했구나
그 그림이 완성이 덜 되어도
만족할 수 있는 삶이 되었으면 좋겠다

## 행복한 바보

세상을 살다 보면
양보하고 희생하고 손해 보며 사는 게 쉽지 않지요.

당장은, 손해인 것 같아도
조금만 멀리 바라보면 득이 되고
마음의 쉼표가 된다는 걸 모르지요.

어쩐지
타인을 높이고 나를 낮추면, 손해 보는 거 같고
남을 배려하고 그 뒤에 서 있으면, 뒤처지는 거 같고
개인보다 조직을
사익보다 공익을 우선하면, 바보 같지만
지나고 나면 다 알게 되는데, 지금은 모르지요.

팍팍한 세상
그럼에도 살만한 것은
바보 같은 사람이 많아서
그런 바보들이 세상을 떠받치고 있어
그나마 살만한 세상이지요.

나는 정말 그런 행복한 바보가 되고 싶다.

## 지난날의 추억

가만히 눈 감으면
아련한 옛 기억이
주마등처럼 스쳐 간다.

얼마나 치열하게 살았던가
수많은 시행착오와 갈등
좌절과 괴로움의 여정이
바람처럼 지나가버렸다.

문득 고개 돌려 바라보니
세월이 남긴 흔적
희끗희끗한 머리칼
깊이 패인 주름살
그러나 마음속 풍광은 여전하다
고향들녘의 청보리밭 물결
달빛에 더욱 빛나던 복사꽃
이 모두가 그리운 것은 아직 내가 거기 있기 때문이다.

그래도 변함없는 것이 있다
어릴 적 동네 봉알 친구들
어려울 때 함께한 동지들
서로를 부둥켜안고 웃고 울던
그 지난날의 순간들

아, 그리워라

지난날의 추억은
돈으로 살 수 없는 가장 큰 재산
이 재산 많이 모아 더 부자로 살고 싶다.

## 지나간 자리

세월이 지나 지금 이 자리에 설 줄은 몰랐다
마냥,
그 자리에 머물 줄만 알았다.

원수 같던
떠난 그 사람이 이따금 그립다.

지나고 나니
모든 게 부질없는 욕심이었구나
무엇 때문에,
도대체 무엇 때문에….

한걸음
양보하는 미덕만 지녔더라면
지금의 나는
훨씬 더 알차고 튼실했을 텐데.

이제는 후회보다
실천하는 오늘이 되기를 간절히 바래본다.

모두가
행복의 꽃길 따라
걸어가는 하루이기를 조용히 기원해 본다.

## 작은 것의 소중함

저수지의 둑이 무너지는 것도
보이지 않는 작은 틈에서 비롯되고
광활한 사막과 해변의 백사장도
한 알의 모래가 모여 이루어진다.

우리의 몸 또한 보이지 않는 세포들이
서로 손을 맞잡아 만들어 낸 기적
이렇듯 작은 것에서 모든 것이 태어나니
작은 것은 작지 않고, 아름답고 위대한 것이다.

작은 것의 큰 의미를 아는 이는 행복한 사람이다.
누구나 가슴 속에
모래알 같이 작은 빛 하나씩 지니고 있기에
그 작은 속뜻을 헤아린다면
세상은 더욱 아름답게 보이리라

소소한 행복 작은 즐거움이
사실은 우리 삶을 지탱하는 뿌리임을
일상 속에서 느끼며 살아가지 않는가

작은 오해가 큰 싸움의 불씨가 되고
잘못된 생각이 지속되면
작은 것에 만족하지 못하고
하나를 가지면 둘을 가지고 싶은 욕망에
현재의 행복조차 놓쳐 버리기 쉽다
그러니, 조금씩만 서로를 배려하자
한 알의 모래처럼
한 방울의 물처럼
겹겹이 쌓여가는 마음을 품고 싶다.
그 작은 것들이 모여
세상을 지탱하는 기둥이 될 테니까.

## 고마운 천사

폭염이 쏟아지는 땡볕에서
묵묵히 한자리에서 그늘을 만들어
지나가는 모든 사람들에게 최고의 안식을 주는
자연속 나무는 최고의 자연의 천사

지나가다가
그늘을 찾아온 방문객을 언제나 반기는 긴 나무의자도
고마운 천사.

새벽 아침에 땀 흘리며 일하는 환경미화원에게 따듯한
말 한마디는
마음의 천사

어려운 이웃을 보면 그냥 못 넘기는
따듯한 마음을 지닌 당신은 하늘의 천사

국가재난이나 사회가 어려움에 빠졌을때 단숨에
달려가고

힘들고 딱한 처지에 놓인 이웃을 보면 마음을 여는
당신은
기부의 천사

우리사회는 고마운 천사가 있어서
아직은 살만한 세상 입니다

## 소박한 인생

요즘은
옛날보다 더 자주
내가 살아온 지난 날들을 돌아보고
사색에 자주 잠긴다

요즘은
명품이나 좋은 옷보다도
그냥 편안한 옷이 좋아지고
어색하고 불편한 사람보다
허물없이 얘기하는 편안한 사람이 더 좋아진다

요즘은
나이가 들수록
너무 과해 화려한 삶보다
은은한 향기를 지닌 들꽃처럼
소박한 인생이 더 좋아진다

요즘은
정말 편안함이 주는 풍성함이

얼마나 소중한 것인지 알 것 같다

이게 익어가는 인생인가 생각합니다

## 소소한 행복 3

# 빛이 머무는 자리

## 소소한 행복 3 - 빛이 머무는 자리

어둠이 짙게 내려앉을수록
작은 빛 하나의 소중함을 알게 됩니다.
그 빛은 멀리서 오지 않았습니다.
내 곁의 사람들,
따뜻한 말 한마디 속에서 피어났습니다.

누군가의 눈빛,
묵묵히 건네는 위로,
그 속에 세상이 환해졌습니다.
크지 않아도 좋았습니다.
그저 마음이 머물 수 있는
조용한 자리 하나면 충분했습니다.

빛이 머무는 자리는
언제나 사랑이 있던 곳이었습니다.
그 사랑은 소리 없이 다가와
지친 하루를 감싸주고,
내 마음의 구석구석을 밝혀주었습니다.

오늘도 나는 그 빛을 따라 걷습니다.
삶의 길 위에서
누군가의 어둠을 비춰주는 사람이 되기를 바라며.

소소한 행복은 거창한 것이 아니라,
내 안의 따뜻한 빛 하나가
누군가의 마음에 닿는 순간임을

그때, 세상은 다시 아름다워집니다.

## 하루를 시작하는 기도

매일 아침 눈을 뜨면 늘 묵상에 잠기고
하루를 시작하는 기도를 합니다

오늘 하루도 부족하지만 최선을 다해서 일하게 하여
주옵소서
하루에 한번쯤은
하늘을 쳐다보고 드넓은 바다를 상상할 수 있는
마음의 여유를 주시옵소서

작은일에 감사할 줄 아는 순수함과
힘들고 큰 일에도 두려워하지 않는
담대함과 끈기를 가지게 하옵소서

적극적이면서도 치밀하게
동료와 부하 직원들 간에 상처가 되지 않게 하옵소서

하루를 돌이켜 볼 때 반성할 줄 알고
나의 잘못을 시인하고 겸손한 마음을 품게 하옵소서

퇴근길에 보람과 즐거움으로
하루를 만족스럽게 마무리 할 수 있도록 하옵소서

나로 인해 모든 사람이 행복하게 되기를 기도합니다

## 세 월

아무리 아껴쓰는 데도 올해의 반년이 끝이 보입니다
세월은 왜 이리 고장도 없이 잘도 굴러가는 걸까요
먼산을 바라보니

문득
이런 생각이 듭니다
울창한 숲을 이룬 나무들은 참 좋겠다
친구가 많아서
해마다 고운 옷을 갈아 입을수 있어서 좋고
늘 그 자리에 있어서 좋겠다
숲은 세월의 무상함을 알까?

늘 그 자리에서 한결같이 변함없이
배신하지 않고 어깨동무 하면서 평생을 같이 있어서
좋겠다

세월의 무상함
잠깐 소풍왔다 가는 인생
정내고 부비부비 하면서 살아요

## 상념

아침부터 추적추적 가을비가 내린다
그냥 멍하니 밖을 내다보니
내 눈에서 이슬비가 같이 내린다

하늘에서 내리는 비는 똑같은데
느끼는 사람마다 다르게 감정을 이입한다

오늘은
내리는 빗물을 바라보며
괜스레 내 그리운 인연들에게
안부를 묻고 싶어진다
고운빛 잎새에 가을 향기를 가득담아
내 마음을 전하고 싶다
오늘이 그런 날이다

가을비는 참 끈적끈적하다

## 잡초

산책을 하면서 문득
파릇파릇한 풀을 보면서 생각을 합니다
모든 식물들이 인간의 잣대로
필요하면 이름을 지어주고
이름이 없으면 잡초라고 하죠

아무리 이쁜 들꽃도 잔디 사이에 있으면
잡초라고 뽑아 버리지요
처음부터 잡초로 태어나지는 않았겠지요
모두가 소중한 생명으로 태어 났을텐데
쓸모가 있으면 소중하게 여기고
쓸모가 없으면 잡초처럼 버려지겠지요

풀잎 사이로 예쁘게 봐 달라고 향기를 풍기는 이름모를
야생화도
필요에 의해 뽑힘을 당하죠
아무리 이쁜 들풀도 무리 사이에서 어울리지 않으면
필요가 없게 되는 것이지요

생각이 다르면 밟아버리는
잡초처럼 취급을 받는게 요즘 세상을 보는 현상이라
참 씁쓸합니다

## 이해되지 않는 사회현상

살면서 도저히 이해가 되지 않는 것
다 알면서 이단 종교에 빠지는거
그것도 지식인들이

상식만 있으면 알 수 있는데
건강식품 이런데
왜 꼬임수에 넘어가지
과대광고 인지 알면서
사고 후회 하면서도
계속 구매 하는거

주위에 보면
보이스 피싱에 왜 쉽게 당하지
잠시 고민하면 피할 수 있는 건데

사람이 뭐가 씌이면
헤까닥 하는 걸까
이 사회가
이렇게 라도 먹고 사는 사람이 있어야 되는가?

그래도 이 사회가 잘 지탱하는 것은
정상적인 사람이 더 많이 있기 때문이라
스스로 자문해 봅니다

## 가을 수채화

가을은 늘 설레인다
고난뒤에 오는 만족감과 행복이
더 값지듯이
올해는 견디기 힘든 여름이 있어
더욱 더 새롭다

아름다운 국화꽃이 가을의 풍경화를 그리는 듯하다
저 멀리 들판에는 노랗게 물들어가는
벼 이삭도 한 풍경을 보탠다

색색들이 코스모스도 신나게 춤추고
가을을 알리는 모든 작물들이 앞다투어
아름다움을 과시한다

풍경화 같은 가을
상상의 액자속에
한 장 한 장 담아
느긋한 감상속에 빠져 본다

이 가을의 행복이 가득가득
온누리에 내려 앉길 바래본다

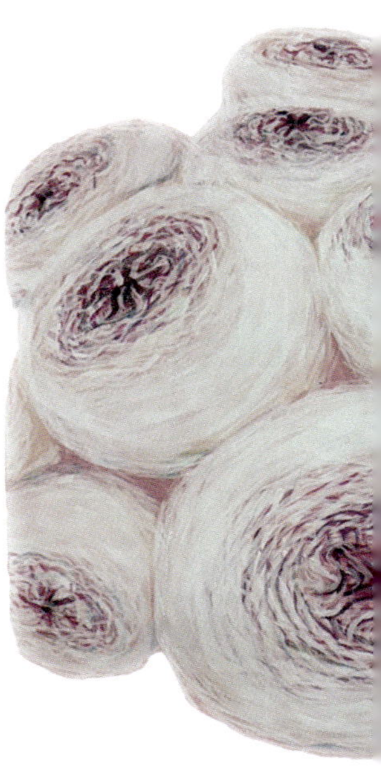

## 가을비

오늘따라
소리없이 내리는 가을비 속으로 산책을 나선다

정자밑에서 잠시 비를 피하면서
상념에 잠겨본다
인생이고 세월이고 별반 차이가 없구나
지나온 세월이 주마등처럼 지나간다
정말 치열하게 산 것 같기도 하고
아쉽기도 하고
이게 인생이겠지 위로 해본다

그냥 멍하니 빗줄기를 보면서
옛 추억을 더듬어 본다
그 옛날 우산없이 비를 피하던 일들

가을비는 그 자체가 낭만이다

## 가을 정취

성큼 다가온 가을
반갑기도 하지만
지난 여름이 아쉽기도 하다

하늘은 높고
흘러가는 하이얀 구름은
뜻모를 모양으로 궁금증을 자아내며
평화롭게 흘러간다

우리 인생도
바람처럼 구름처럼
마음 가는대로 흘러가면 얼마나 좋을까

고운 채색으로 물드는 가을이면
한폭의 가을 풍경속으로 빠지고 싶다
가을을 수 놓으며
마음따라 길을 걷는다

## 사계절의 행복

우리나라는 사계절이 있어서 너무 좋다
봄은 봄대로 아름다워서 좋고

여름은 더워도 더운대로 좋다
견디기 어려운 따가운 햇살도
가을이 온다는 희망이 있어서 참을만 하다

가을은 아름다운 단풍이 있어서 너무 좋다
떨어지는 낙엽도 잠시 상념에 잠기게 해서 좋다
을씨년스러운 늦가을은 외로움을 느끼게 해서 좋다

겨울은 겨울대로 좋다
아무리 춥고 힘들어도
따뜻한 봄이 반드시 올거라서
기대감이 있어서 좋다

우리 인생도 절망하지 않아도 된다
반드시 희망이 올거니까

## 마음먹기 나름

오늘 아침
하늘을 쳐다보니 너무 쾌청하고 좋다
스트레스와 피곤함이 오지만
늙어서 그런가?

아니지
마음이 주름지지 않으면
인생은 늘 청춘인 것을

오늘 하루를 그냥 보내면 안됩니다
희망이 있고
하루가 너무 소중 하니까요

아자 아자
오늘도 파이팅~~~

## 독 서

책을 읽다가 좋은 글귀가 있으면
메모하고
거기에 다가 내 생각을 더해서 발효를 시키면
또 다른 나의 경험이 되는 거지요

독서는 하면 할수록
숙성되고 여물어지고 생각의 깊이가 깊고
사물을 편견없이 보는 혜안이 생기는 거라 생각합니다

독서를 하면 정신이 맑아지고
사고의 폭이 넓어지고 다른 사람의 생각을 공유 하는거라
사고의 폭이 훨씬 넓어집니다

사람은 만능일 수가 없어서 다른 사람의 경험과 지식을
간접 경험하는 것이 독서입니다

독서는 성냄을 방지해주고 화남을 멈추게 해주고
시기질투를 없애주는 명약입니다

독서가 일상이 되면 삶이 바뀝니다

## 달콤한 아침

특별한 날은 아니지만
아침에 눈을 뜨면 하루가 기대가 되고 설레입니다

이쁜 하루가 기지개를 키며 더위와 함께 성큼 다가옵니다
더위에 지친 내 몸을 충전이라도 할듯이

연일 이어지는 낮 더위는 짜증나는 미소로
능글 맞게 접근하여
아직 떨어져 나갈 생각은
아직은 없는 듯 합니다

눈 내리는 추운 겨울 아침이 그립고
새싹이 돋고 아지랭이 아른거리는 봄은 더 그립고
풍성함을 주며 울긋불긋 단풍도 그립습니다
덥고 힘든 이 시간도 하늘이 주신 귀한 시간

오늘도
마음속으로 시원함을 상상하며
달콤한 하루를 시작해 보려 합니다

오늘 아침이 솜사탕처럼 너무 달콤하다

소소한 행복 4

# 그대가 있어 행복하다

## 소소한 행복 4 - 그대가 있어 행복하다

세상에는 이유 없이 웃게 되는 순간이 있습니다.
그건 언제나,
그대가 곁에 있을 때였습니다.

지친 하루 끝,
따뜻한 눈빛 하나에 마음이 풀리고,
작은 인사 한마디에도
세상이 조금 더 다정해집니다.

그대는 내 삶의 쉼표이고,
내 마음이 머물 수 있는 안식처입니다.
말하지 않아도 알 수 있는 온기,
그대의 존재만으로도
이 하루가 빛이 납니다.

어쩌면 행복이란
거창한 꿈이 아니라,
그대와 함께 웃을 수 있는
이 순간일지도 모릅니다.

비가 오면 함께 젖고,
햇살이 비치면 함께 웃는,
그런 소박한 동행이
내 삶을 가장 아름답게 물들입니다.

그대가 있어 행복합니다.
그대가 있어 오늘이 고맙습니다.
그리고 그대가 있어
내 마음은 언제나 봄입니다.

## 산다는 것

그리운 사람은 그리워하고
보고픈 사람은 보고파하고
사랑하는 사람은
사랑하고 사는 것이다.

사람 사는 것
사랑하면 사랑하고
그리우면 전화라도 해서 달래고
외로우면 마주잡은 손길로 채우며

반가운 만남으로
소박한 한 끼의 식사에
그리움이 채워지고
그리운 사람과 뜨거운 포옹은 아니라도
소주 한잔에

그 동안의 세상시름과
길고 긴 날의 목마름과
사랑의 아픔이던, 자신의 열정이던

두런두런 이야기 나눌 수 있다면

사람 사는 것이
사랑하면 사랑한다고
말할 수 있는 것
다시 상처로 돌아올지라도
말하고 싶다.
오늘도 즐겁게 보내세요.

## 사람을 살리는 말 한마디

안부 인사로 누군가에게 보낸
문자 한 통이
카톡 한 통이
사랑의 말 한마디가

한 사람의 인생을
바꾸는 축복의 씨앗이 됩니다
순간의 고비만 넘기면 되는 것을
찰나의 순간을 참지 못하고
잘못된 선택이 될수도 있다는 것을

사악한 말 한마디가 사람을 죽일수도 있고
잘못된 말 한마디가 가슴에 비수를 꽂고
평생 한으로 살아가게 할 수도 있습니다

그래도 살만한 이 세상 서로 부디끼며 정을 나누며 살아요
제 각각 들려오는 보약같은 말 한마디
이 메시지가 나를 아는 사람들에게
축복이 되었으면 좋겠습니다.
사랑합니다~♡

## 비 온 뒤의 아침

밤을 새워 내린 별들이 잠든 숲속 자욱하게 피어오른
산안개 운무 사이로
청아한 계곡물 소리에 별들이 떠나고

눈부신 햇살 한 줄기 먼발치서 들려오는
산까치의 노래가 반가운
봄비에 씻긴 기지개 켜는 봄의 만상들이
싱그러운 아침

거짓과 가식, 속임과 배신, 미움과 시기
모든 허물이 비에 다 씻겨 내려가고
다시 시작하는 새로운 마음을 다짐하게 하는 아침

세상의 이치가 아픔 뒤에 행복이 실패 뒤에 성공이 절
망 뒤에 희망이
더 값지듯이
비 온 뒤에 아침은 더 새롭다

햇살이 창가에 머물러 이렇게 싱그럽게 다가온다
이 기분으로 힘차게 하루를 시작해야지

# 오늘

하루를 시작하며
첫 인사가 좋은 아침입니다
날씨가 춥네요
건강하세요
좋은 하루 되세요

입가에 미소를 그려내면서
오늘이 선물이고
오늘이 제일 젊은 날이고
오늘에 충실하자고 얘기를 한다

오늘 없는 내일이 없듯이
각자의 위치에서 자기만의 방식으로
미래를 위해 한걸음씩 내 딛은 알찬 하루
그것이 훗날 쌓여서
성공이라는 결실을 맺는 밀알이 되었으면 좋겠다
오늘 하루도 파이팅 이다

## 봄의 시작

따스한 햇살이
온 세상을 감싸고
부드러운 바람이
살며시 볼을 스친다.

나뭇가지마다
연두빛 새싹이 돋아나 자연이 온몸에 생명의
기운을 뿜어내는
계절 봄

추위에 몸서리 치던때가 엊그제 같은데
벌써 봄은 우리곁을 살포시 다가오고
온세상이 화사함으로 봄을 반긴다

삶이
한송이 꽃처럼
아름답게 피어나는
행복이 어우러지는
하루하루가 되기를 빌어본다

# 다 짐

얼마남지 않은 12월의 길목에서
당신이 행복하길 바라는 마음의 안부를 전합니다

살아가면서 만난
내가 좋아하는 사람들과의
더 좋은 인연을 이어가고 싶어서

살아가면서 잃어버린
더는 좋은 인연을 놓치고 싶지 않아서

살다보니 알게 되는 것을
많이 아파봤기에
아픈 눈물을 알고
좋은 사람들을 만나 조금씩 웃었기에
늘 웃는 즐거움을 알게 되고

혼자보다는
함께 살아가는 것이 참 행복한 길임을 알게 되더이다
나를 사랑하는 만큼 내가 좋아하는 사람들을 사랑하면서
살아 가렵니다

내가 소중한 만큼 내가 좋아하는 사람들을 소중히 여기며
살아가렵니다

가끔씩 안부를 전합니다
내가 좋아하는 당신이 새롭게 맞는 오늘도 내일도
행복하길 바라는
마음의 인사를 전합니다

## 고향 가는길

아침에 눈을 떠서
뉴스를 보니 고속도로 위의 끝없는 차량 행렬
설레임과 기대감으로 피곤한 줄 모르고
반갑게 맞이할 부모님을 생각하며
엔진에 몸을 싣고 달립니다

창문밖 코스모스도 방긋방긋 웃으면서
반갑게 손을 흔들어 줍니다
가지가지 선물 보따리에 사연을 싣고
마음은 차량보다 먼저 달립니다

고향 가는길은
어느 길이든 행복하지 않은 길이 없습니다
자주는 못오지만
동네 어귀에 도착하면 늘 뭉클합니다
어릴적 추억 때문이겠지요

세월은 기다려주지 않습니다
고향을 더 자주 찾아야지 다짐하지만

그게 마음대로 잘 안되지요

유난히 다사다난 했던 올해
풍성하고 마음이 치유되는 명절이 되었으면 하는
바램입니다

## 벗이 그리워지는 계절

그대여~ 살다가 힘이 들고
마음이 허허로울 때

작고 좁은 내 어깨지만
그대 위해 내 놓을께요

잠시 그 어깨에
기대어 눈을 감으세요

나도 누군가의 작은 위로가
될 수 있음에 행복해 하겠습니다

인생의 여로에
가끔 걷는 길이 험난하고
걸어 온 길이 너무 멀어만 보일 때

그대여~ 그대의 등위에 짊어진
짐을 다 덜어 줄 수는 없지만

같이 그 길을 동행하며

말 벗이라도 되어 줄 수 있게
그대 뒤를 총총거리며
걷는 그림자가 되겠습니다

무엇 하나 온전히 그대 위해
해줄 수 있는 것은 없지만

서로 마주 보며 웃을 수 있는
여유로운 마음 하나 나눈다면

그대여~ 그것만으로도
참 좋은 벗이지 않습니까

그냥 지나치며 서로 비켜가는
인연으로 서로를 바라보면 왠지 서로가
낯이 익기도 하고, 낯이 설기도 합니다

우리가 사람같이 살 수 있는 날이
얼마나 더 남았겠습니까

인생의 해는 중천을 지나
서쪽으로 더 많이 기울고 있는데

무엇을 욕심내며 무엇을 탓하겠습니까
그냥 주어진 인연
만들어진 삶의 테두리에서

가끔 밤하늘의 별을 보며
뜨거운 눈물 한 방울 흘릴 수 있는

따뜻한 마음 하나
간직하면 족한 삶이지 않습니까

그렇게 바람처럼
허허로운 것이 우리네 삶이고

그렇게 물처럼 유유히 흐르며
사는 것이 우리네 인생입니다

서로의 가슴에 생채기를 내며
서로 등지고 살 일이 왜 있습니까?

바람처럼 살다 가야지요
구름처럼 떠돌다 가야지요

# 고 독

이렇게 추운날
무슨 여운이 남아
다 떨어진
겨울 나무에
너 혼자 힘겹게 매달려 있니?

계절 지난 낙엽아

좋은날만 있으면
부족함을 모르는 것

차디찬 바람에
동무하나 없는
겨울에도
옛날 향수에 젖느냐?
이 한주도 지나고 나면 추억을 움켜 지겠지

## 봄내음

꽃내음 진하게
봄바람 타고
소식을 전하던

일찍 핀 꽃들은 책임을 다하진 못했지만

늦게 핀 꽃들에게
자리 양보 하고
다음을 기약 하누나

얼마나 좋은 향기를 취하게 할까.

기대하며 또 다시
피어날 꽃봉우리에
눈길을 돌린다

봄기운의 산책을
느끼는 여유로운 마음으로
세상을 바라보자

## 마무리

이리 저리
굴러도 시간은
흘러 또 한주이 끝자락으로 치닫고
제 각각 다른 생각 다른 길을 걸어도

치열하게 살기도 하고
또 절망하며 살기도 하고
희망을 보며 위안을 하기도 하고

곧 무너질 것 같아도 우리 사회는
조금씩 희미한 희망의 색깔로 변하는듯 합니다

하지만
둘로 갈라진 우리의 엉어리는 어떻게 할지

소중한 하루가 건강과 행복속에 사랑으로 이어지는
일상이 되기를 기원해 본다

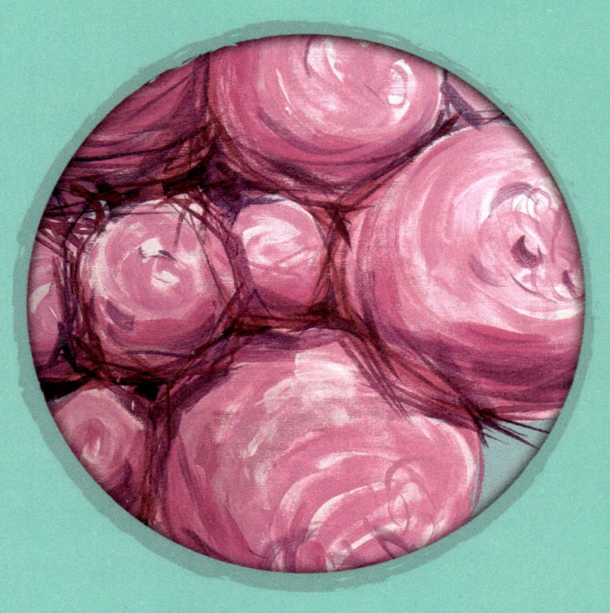

# 소소한 행복 5

## 시간 위에 피어난 미소

## 소소한 행복 5 - 시간 위에 피어난 미소

시간은 조용히 흐르고,
우리는 그 위를 걸어갑니다.

바람에 흔들리는 작은 나뭇잎처럼
때로는 흔들리고,
때로는 지쳐도,
그 모든 순간이 모여
오늘의 나를 만들었습니다.

그러던 어느 순간,
지난 시간을 돌아보니
내 마음 한켠에
조용히 미소가 피어났습니다.

그 미소는 큰 성취에서 온 것이 아니라,
소소한 하루의 기록 속에서,
누군가의 따뜻한 말 한마디 속에서,
그리고 내가 사랑을 느낀 순간들 속에서
살며시 피어난 것이었습니다.

시간 위에 피어난 미소는
과거의 아픔도,
미래의 걱정도
지금 이 순간에 녹여주는 힘이 됩니다.

오늘도 나는 미소를 지으며 걷습니다.
작은 행복을 발견하고,
그 속에서 삶의 따스함을 느끼며,
시간 위에 피어난 이 미소를
누군가와 나누기를 바랍니다.

## 그 시절, 식구

문득
어릴 적 온 가족이 모여 밥을 먹던 풍경이 그립다.
옹기종기 모여 앉아
소담소담 이야기 나누던 그 시절.
항상 엄마는
양푼에 밥을 비벼 밥상 위에 올리지 못하고
서서 한 숟가락….

남은 밥 자식들 더 먹이려고 배곯아가며 키운 자식
그 자식새끼 마음대로 못했다.
속 썩이는 놈
잘난 놈
못난 놈
다 가슴에 안고 사는 삶

보리고개도 지나왔다
그때는 왜 그리 고통이었는지, 또 아픔이었는지
지금은 그리운 추억이다.

세월 지나 뿔뿔이 흩어져 살아가는 우리,
명절 때나 되어야 모이는 현실이지만
그래도 보고픈 건
같은 피붙이로 태어나 같이 밥 먹던 '식구'의 '정'이지

서로 양보하고 서로 챙겨주며
참고 억누르며 견뎌낸 세월
잔소리 속에 양보와 희생도 자랐다.
그런 반복되는 일상
그게 밥상머리 교육이지

오늘 처럼 옛 추억이 슬그머니 소환될 때
'식구'라는 말이 참 새롭다

## 나에게 연구실이란

나의 일과를 시작하고 마무리 하는 곳
20년 넘도록 나를 버티도록 하는 내 삶의 원천
힘들 때나 어려울 때도 그 자리에 있는 버팀목
자아를 실현 하는 곳

누군가 언제든지 불쑥 들러도 차 한 잔 마실 수 있는 곳
책을 집필하고 논문을 쓸 때도
영감과 지식의 창고를 열게 해주는 곳
언젠가는 이 연구실도 비워야겠지….
인생은 다 그런 거라고 생각하지만
그래도 미련이 남는 곳
내 연구실이다.

비가 오나 눈이 오나 집처럼 편히 기다려주는 곳
내 삶의 마무리도 이곳이기를 바라지만
내가 원하는 것과 세상사 그 어디쯤에
받아들여야 할 이치와 순리가 있다
다 떠나도 미련만 가장 길게 남을 것 같다.
아

벌써 애달픈 정이 머물고 있다
20여 년을 이곳에서 '나'를 불태웠고 삶을 설계했던 곳

고맙고
소중해서
그리울 거다
아직 3년 남았는데, 왜 가슴이 찡할까?

## 소중한 친구

세상을 살아가며
혼자가 아니라는 거
소중한 친구가 곁에 있다는 거
안다는 것만으로도 얼마나 큰 행복인가.

힘들고 어려울 때
기댈 수 있는 친구가 있다는 거
삶의 크나큰 위안이며
분명 내게 주어진 귀한 재산이다.

좋은 친구가 곁에 있다는 거
덤으로 얻은 또 하나의 내 인생
나 아닌 그를 통해
내 삶은 더 깊고 풍요로워진다.

좋은 친구는
내 인생의 또 다른 길을 열어주고
새로운 기회를 선물해준다.

그의 경험이 내 경험이 되고
그 친구의 추억이 내 추억이 된다.

내가 겪지 못한 시간들
내가 갖지 못한 생각들이
우리 사이에서 공유될 때
우리는 인생의 공동체가 된다.

지금 나는
내가 누군가에게 꼭 필요한 친구였는지
가만히 되묻는다.

## 선거

사람들 붐비는 곳마다 색색들의 꽃들이 웃고 있다.

익어가는 꽃봉우리에
내 모습을 비춰보며
싱긋, 웃음 한 번 짓고
조용히 돌아섰다.

저마다 자기 눈으로만 세상을 본다
무엇이 선이고
무엇이 악인지
분간할 길이 없다
세상사에
진영 논리가 이토록 중요한 일이던가.

민주주의의 꽃이라 불리는 선거
그러나
선거 전과 후는 너무도 다르다
4년마다 속고, 또 속이는 것의 반복이구나.

인생이란,
뭐 대단한 것도 아니더라
돌아보면
그저 평범한 길 하나 남아 있을 뿐

살아온 날들 가운데
아름다운 사연 하나쯤
상상의 액자에 담아둘 수 있다면
오늘 하루, 그 자체로 보람이었기를 바란다.

## 멍

눈을 감고 떠올려 본다
우거진 나무숲
흐르는 계곡물
또 거기에 내 지난날의 추억

가끔
다 내려놓고
다 던져버리고
다 비우고
내 영혼부터 다시 시작 하고 싶다

그러면
새로운 세상
새로운 생각으로
새롭게 세상을 다시 볼 수 있을까?

생각을 정리한다는 것은
곧 새로운 비전과 희망의 잉태이다
'그래, 살만한 세상이지?'

다시 시작이다,
이 꿈이 깨고 나면.

## 멋지게 사는 인생

인생은 나이만큼의 속도로 달려간다는데
요즘 내가 그렇다.
인생 통째로 도둑맞은 기분이다.
한 것도 없이 금방 한 주가 지나간다, 아쉽다.

그런데 나이가 들어가는 이 길이
생각보다 멋지고 아름답다
내 삶의 여정에서
마음 비우며 살아가기에 가장 좋은 '요즈음'이니까.

내 삶의 여백에
담담함이 들어오는가 싶더니
이제는 시기와 질투가 떠난 그 자리에
사랑과 너그러움이 채우고 있다.

남의 잘못보다 잘한 것이 더 잘 보여서 좋다
원망은 사라지고 감사한 마음이 절로 생긴다, 역시 좋다.
무엇을 먹을까 무엇을 입을까 고민하기보다
되는 대로 먹고 맞는 대로 걸쳐 입어도

마음에 거리낌이 없다, 이 또한 좋다.

시간에 쪼들리지 않고
산 넘어 흘러가는 구름을 볼 수 있어서 좋다
행복은 마음으로 만든다는 것과
천국은 내 가슴에 있다는 것을 아는 나이라서 참 좋다.

## 님

너무 그리워서 숨 막힌 적 있는가, 그대
세월이 흐를수록 더욱더 애달프도록 그립기만 하니
마음이 다 시리다.
때론 다투고
때론 각설탕보다 달콤했지
같이 있으면 늘 힘이 되는 사람
그래, 죽을 만큼 힘들 때 기대기도 했었지.

다 주고 싶었다, 뭐든지
유행가보다 내가 더 먼저 하고 싶었던 말,
"별을 따다가 그대 두 손에 가득 드리리."

당신이 아픈데 내가 더 아팠다.

그런 그대와 항상 같이 있는데도 마음처럼 안 된다
시간이 지나면 후회하고 반성도 하지만
도돌이표처럼 일상은 반복되고 만다
사랑과 미움이 항상 교차하듯
생각도 행동도 엎치락뒤치락하며 같이 가는가보다

그럼에도 내 마음은 항상 그 자리, 그대 곁이다.

문득,
지나온 삶이 주마등처럼 스쳐간다
난 다시 그립다고 말한다,
고맙다고 말한다,
내 인생 종착역까지 손잡고 같이 갈 사람아.

## 나이 듦에 대한 아름다움

이 만큼 세상을 살고 보니
"아둥바둥 살지 말자 인생 뭐 별거 있냐?"
맨날 입버릇처럼 애기해도
지나고 나면 맨날 도돌이표라 후회스럽다
이 만큼 나이를 먹어보니
마음 비우며 살아가기도 만만찮은 걸

그래도
나이 든다는 건 생각보다 괜찮다
시간에 쫓기지 않고 흘러가는 흰구름을 볼 수 있어서
좋다
행복과 천국도 내 마음먹기에 있음을 아는 나이라서
좋다

이제는
내 마음을 비워 더 많은 정을 담을 수도 있겠다
"테스형! 세상이 왜 이래?"
싶다가도
"그러려니"

이해할 수 있는 나이라서 다행이다
뜻대로 되지 않아도 집착하지 않고
편하게 마음 다질 수 있는 나이라서 더 좋다

누군가 나를 비난해도
발끈하지 않을뿐더러 서운한 마음조차 솟구치지 않으니
이 또한 좋다
타인으로부터 나온 감정에 일희일비 없이
세상을 내 감정으로 아름답게 바라볼 수 있어서 참 좋다
주어진 일상에서 감사할 줄 아는 나이가 되고 보니 이제
알 것 같다,
이래서 아름다운 인생길이라고.

## 긍정 마인드

만족을 아는 사람은 없어도 부자라 하고
만족을 모르는 사람은 많이 있어도 가난하다 한다.
인생을
불행하게 느끼느냐 행복하게 느끼느냐는
소유의 문제가 아니라
존재와 지혜의 문제인 걸

세상사 모든 일이 마음먹기에 달렸으니
마음이 잘못되면 모든 것이 비뚤게 보이고
마음이 편하면 세상 모든 사물도 아름답게 보이는 것

세상사 잠시 피었다가 지는 벚꽃
우리도 잠시 머물다 엇비슷하게 떠나는 인생
아둥바둥 살 필요가 있을까?
집착하지 말고 정 내면서 살아야지, 그렇게 살아야지.

오늘, 내 마음이 부자라서 행복하다.
천지가 초록으로 보이고
수많은 새들의 아침 인사도 들린다.

행복 바이러스가 두 배로 쌓이는 기분이다

세상은 보는 사람의 생각처럼 보인다는데, 진짜인 것 같다.

## 생각

사람마다 손금이 다르듯
생각도 다르고
제각각 생각대로 살아가는 세상.

우리의 생각은 씨앗과 같아서
그 종류에 따라 싹이 나고
꽃이 피어 열매를 맺는다.

우리 마음도
어떤 생각을 심느냐에 따라
밝아지기도, 어두워지기도 한다.

누구에게나 생각할 자유가 있고
선택할 자유가 있지만
좋은 씨앗을 심고
잘 돌보면
좋은 열매가 맺히듯
긍정적인 생각은 긍정의 결과로
부정적인 생각은 부정의 결과로 이어진다.

좋은 생각은
아름다운 인생길로 우리를 인도하고
보석처럼 빛나는 삶으로 이끈다.

나쁜 생각을 품고 살아간다면
이 세상은 암흑처럼 어두울 것이다.
세상사는 결국 마음먹기 나름인데
왜 이 간단한 이치를 모르고 사는 걸까?

구름이 아무리 많아도
하늘을 다 가릴 순 없고
폭풍이 거세다 해도
하늘 끝에 닿지 못하듯
채워도 채워도
다 채울 수 없는 것이
바로 사람의 욕심이다.

깊이가 있어도
그 깊이를 다 알 수 없고
시작은 있어도
끝을 알 수 없는 것이 인생.

결국
무슨 생각을 품고
무슨 신념을 갖느냐가
우리 인생을 좌우한다.

다들
쉬엄쉬엄
웃으면서 살아가자.

## 봄비

봄비가 속삭인다,
행복이란 자신의 삶에 만족을 느끼며
즐거운 마음으로 주변인들과 어울려 사는 것이라고.

불행하다고 생각하며 사는 사람에게도
행복하다고 생각하며 사는 사람에게도
세상은 같다, 하나다.

세상 모든 근심이 촉촉이 내리는 봄비 같이
땅 위에 스며들 듯 고통 없이 내려앉으면 얼마나 좋으랴
봄비가 잠시 사색에 잠기게 한다, 비로소 내가 보인다.

봄비 지나가니 숲은 온통 숨바꼭질이다
연분홍 꽃잎은 툭툭 떨어지는데
햇살 맞는 연두빛 잎들은 키 재기로 앞다툼이다
들숨날숨 깊이 몰아가며 눈을 감았다가 귀를 기울여본다
봄바람 타고 노래하듯 술래잡기에 푹 빠졌다, 봄날을
즐기려고.

# 시집 발간을 축하하며

## 가을편지

서상진

김용현 교수님께

바람이 한결 부드러워지고,
하늘빛이 깊어지는 이 가을에,
저희 마음속에도 감사의 색이 곱게 물듭니다.

교수님께서 걸어오신 길은 언제나 배움의 등불이었고,
그 빛 아래에서 저희는 사람의 향기와
교육의 참된 의미를 배웠습니다.

낙엽이 떨어지는 소리에도
교수님의 따뜻한 목소리가 들려오는 듯합니다.
한 사람 한 사람의 마음을 어루만져 주시던
그 온기 덕분에, 저희의 배움은 '지식'이 아닌 '사람'이
되었습니다.

이제 저희도 그 가르침을 품고,
누군가의 길을 비춰주는 불빛이 되고자 합니다.

감사와 존경을 가득 담아
이 가을, 사랑의 편지를 전합니다.

## 평화의 정원, 김용현의 빛

서상진

그는 총 대신 꽃을 들었다.
세상의 상처 난 곳마다
한 송이의 희망을 심으며
조용히 평화를 가꾸었다.

아이들의 울음소리가
바람에 흩어져도 그는 흔들리지 않았다.
그의 마음 속엔 늘
"누군가는 사랑을 보여야 한다"는 믿음이 있었다.

밤이 깊어도 그는 등을 끄지 않았다.
어둠 속에서도
빛이 필요한 곳에
자신을 태워 등불이 되었다.

사람들은 물었다.
"왜 이렇게 묵묵히 평화를 심습니까?"

그는 미소 지으며 말했다.
"진정한 평화는
소리로 오는 것이 아니라
마음으로 피어나는 법이니까요."

그가 손을 내민 자리마다
상처는 꽃으로 변했고,
절망은 새싹으로 깨어났다.
그 정원에서 사람들은 배우고,
세상은 조금씩 따뜻해졌다.

햇살이 그의 머리 위로 내려앉을 때,
그의 빛은 눈에 보이지 않아도
모든 이의 마음속에 스며들었다.
그곳이 바로
평화의 정원, 김용현의 빛이다.

## 달마처럼, 김용현처럼

최설아

세상은 늘 소리로 가득하다.
명예의 소리, 욕망의 소리,
그리고 잊혀진 진실의 울음.

그 속에서 그는 조용히 걸었다.
달마처럼
말보다 눈빛으로,
싸움보다 용서로 세상을 품었다.

비바람이 몰아쳐도
그의 마음은 흔들리지 않았다.
돌처럼 단단한 신념,
연꽃처럼 부드러운 자비로
세상을 바라보았다.

김용현처럼
세속의 길 위에서도

고요를 잃지 않았고,
사람들 사이에서도
하늘을 잊지 않았다.

그의 하루는 수행이었고,
그의 숨결은 기도였다.
달마의 혼이 사람의 옷을 입고,
김용현의 이름으로 다시 걷는 길.

달마처럼 깨어 있고,
김용현처럼 따뜻하라.
그 길의 끝엔
진리와 사랑이
하나로 피어나고 있었다.

소소한 행복

글 | 김용현
그림 | 문상은

2025년 10월 24일 초판 인쇄
2025년 11월 1일 초판 발행
발행인 박 진 영
발행처 도서출판 진영사
인천광역시 부평구 주부토로 236 인천테크노밸리U1
지식산업센터 B동 1507호
전화 : 032)505-4207
팩스 : 032)505-4206
E-mail : 0183734207@hanmail.net
등록 : 제2007-000001호

ISBN 978-89-6541-721-7 (03800)
값 12,000원